Für Elisabeth und Edmund

Die Zauberflöte

für Kinder erzählt
von Gerhard Buchner

Ein Zaubermärchen
nach
Emanuel Schikaneder
und Wolfgang Amadeus Mozart

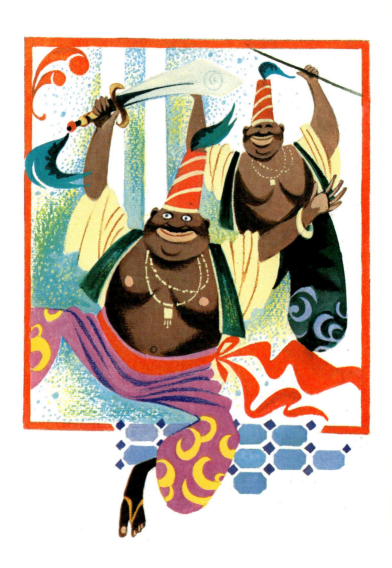

Stell dir vor: Du hast eine Flöte, mit der du zaubern kannst. Du bläst ein paar Töne, und schon fangen alle Menschen, die dich hören, zu tanzen an, und alle Hunde und Katzen in der Nachbarschaft tanzen mit. Oder alle Autos, Radfahrer, Omnibusse und Straßenbahnen bleiben von selber stehen, wenn du mit deiner Flöte die Straße überquerst. Oder du fliegst mit deiner Flöte einfach über die Straße, über die Häuser, über Felder und Wälder bis auf den höchsten Berg. Wäre das nicht toll?

Nun, es gab wirklich eine solche Zauberflöte. Nur ein einziger Mensch konnte sie spielen. Er zauberte damit die wunderbarsten Dinge. Und noch heute haben wir ihm und seiner Flöte viel zu verdanken.

Soll ich dir diese Geschichte erzählen? Es ist eine lange und verzwickte Geschichte.

Es spielen mit:

Tamino, ein Prinz von Irgendwoher
Papageno, ein Spaßvogel
schwarzverschleierte Damen
die Königin der Nacht
drei geheimnisvolle Knaben
Sarastro, der Herrscher des Tages
Diener des Sarastro
Pamina, die Tochter der Königin der Nacht
Papagena, ein altes Weiblein und
   ein junges Mädchen
viele bunte Vögel
wilde und sanfte Tiere
Donner und Blitz
Feuer und Wasser
Sonne, Mond und Sterne
... und natürlich die Zauberflöte

Damals, als die Menschen noch mit Pfeil und Bogen jagten, lebte Tamino. Er ging gern auf die Jagd.

Eines Tages, als er schon alle Pfeile verschossen hatte, wollte er an einer Quelle rasten. Da sah er plötzlich vor sich eine riesige Schlange. Sie war viel größer als die gewaltigste Riesenschlange, die er kannte. Ihre tellergroßen Augen blitzten drohend, und ihr Maul riß sie so weit auf, daß leicht ein ganzes Kalb hineingepaßt hätte. Wie ein dicker roter Blitz schoß ihre Zunge auf ihn zu.

Tamino war gewiß kein Feigling, aber jetzt bekam er es doch mit der Angst zu tun. Er hatte ja keine Pfeile mehr und auch sonst keine Waffe bei sich. Fliehen konnte er nicht, denn hinter ihm war ein hoher, glatter Felsen, und vor ihm versperrte die Schlange den Weg. Tamino schrie laut um Hilfe und wehrte sich mit seinem Bogen, so gut er konnte. Das Untier war schon ganz nahe bei ihm und drauf und dran, ihn zu verschlingen. Tamino meinte, seine letzte Stunde sei gekommen. Es wurde ihm schwarz vor Augen, und er fiel um.

In diesem Augenblick erschienen, wie vom Himmel gefallen, drei schwarz verschleierte Frauen. Sie hatten Speere in den Händen und zielten auf die Schlange. Jede stieß einmal kräftig zu, und das gefährliche Tier blieb tot liegen. Tamino war gerettet! Die Frauen betrachteten den ohnmächtigen Prinzen und vergewisserten sich, daß ihm nichts geschehen war. Dann verschwanden sie auf ebenso rätselhafte Weise, wie sie gekommen waren.

Nach einiger Zeit erwachte Tamino. Von den drei geheimnisvollen Frauen hatte er nichts bemerkt. Nun sah er, daß die Schlange tot war, und sprang überrascht auf. Er rieb sich die Augen. „Nanu, träume ich?" Er kniff sich in den Arm. „Nein, ich bin wach, und ich lebe!" Er sah sich um. „Da muß doch jemand..."

„Hallo" rief er. „Ist da jemand?" Aber niemand war zu sehen.

Doch! Um die Ecke des Felsens kam eine sonderbare Gestalt. Sie hüpfte wie ein Mensch, war aber ganz mit bunten Vogelfedern bekleidet. Auf dem Rücken trug sie einen großen Käfig. Die Gestalt sang ein Liedchen und pfiff dazwischen auf einer kleinen Panflöte. Der Stimme nach mußte es sich um einen jungen Mann handeln.

„Heda", rief Tamino, „wer bist du?"

Die Gestalt hörte zu singen auf und murmelte: „Dumme Frage!" Laut rief sie zurück: „Ein Mensch, wie du!"

LUSTIG, NICHT ZU SCHNELL

„Doch was für ein Mensch?" fragte Tamino weiter.

„Dein Freund", erwiderte die Gestalt und setzte leise hinzu: „Solange du nicht noch dümmere Fragen stellst."

„Sag mir, mein Freund, was machst du hier?" Tamino war sehr neugierig.

Die Gestalt war inzwischen näher gekommen und sagte unwillig: „Das gleiche könnte ich dich fragen. Aber weil ich ein höflicher Mensch bin, will ich es dir sagen. Man nennt mich Papageno. Ich fange Vögel für die sternflammende Königin und..."

„Für die sternflammende Königin, sagst du?" unterbrach ihn Tamino. „Meinst du die große Königin der Nacht? Hast du sie schon gesehen?"

„...und ihre schwarzen Dienerinnen", fuhr Papageno unbeirrt fort. „Freilich ist das die große Königin der Nacht. Aber noch nie hat ein Mensch sie gesehen. Deine Fragerei geht mir langsam auf die Nerven, du komischer Vogel! Soll ich dich fangen und in meinen Käfig sper-

ren?" Und Papageno machte eine Bewegung, als wollte er den anderen packen.

Tamino mußte lachen. „Du bist wohl sehr stark", meinte er. Jetzt erst sah Tamino, daß in dem Käfig, den Papageno auf dem Rücken trug, Vögel gefangen waren, große und kleine, schwarze, braune, grüne und bunte. Doch Tamino wurde gleich wieder ernst. „Dann hast also *du* diese Schlange getötet und mich gerettet?"

Papageno war nun ganz nahe bei Tamino. „Hoppla!" rief er erschrocken, denn beinahe wäre er über das tote Untier gestolpert. „Soso, eine Schlange ... äh, ich, äh ... die Schlange getötet ... Reden wir nicht davon, Hauptsache, das Vieh ist hin."

Papageno tat so, als habe er wirklich die Riesenschlange besiegt. Eigentlich wollte er gar nicht schwindeln, aber nachdem sonst niemand in der Nähe zu sein schien, nahm er gern die Gelegenheit wahr, als Held dazustehen.

Tamino wollte seinem vermeintlichen Retter schon aus Dankbarkeit um den Hals fallen, da ertönten mehrere helle Stimmen: „Papageno!" Die drei verschleierten Frauen standen wieder da. Diesmal ohne Speere.

Verwundert sah Tamino auf.

„Wo kommen denn diese Damen her?"

„Au weh", sagte Papageno statt einer Antwort. Er kannte die Frauen schon und ahnte nichts Gutes.

„Papageno!" riefen sie noch einmal. „Du Schwindler! *Wir* waren es, die Tamino geholfen haben. Die Königin der Nacht hörte seinen Hilferuf und sandte uns zu seiner Rettung. In Zukunft wirst du nicht mehr so frech lügen. Darum schenkt dir die große Königin ein Schloß..."

Papageno machte vor Freude einen Luftsprung.

Doch die drei Frauen ergänzten: „... ein Schloß, das wir dir vor den Mund hängen."

Und noch eher er „oh, ich armer Papagei" oder etwas Ähnliches sagen konnte, hängten sie vor Papagenos Mund ein ganz gewöhnliches Vorhängeschloß. Klapp!

Das war hart. Papageno, der so gerne plauderte und sang, konnte nur noch „Hm, hm, hm" machen.

Tamino kam aus dem Staunen nicht heraus: eine tote Riesenschlange, drei geheimnisvolle Frauen, eine Art Vogelmensch mit verschlossenem Mund — und das alles in einer einsamen Gegend und innerhalb so kurzer Zeit, daß man kaum bis tausend zählen konnte. Doch es kam noch toller.

Rumms, bumms! Es donnerte und blitzte, als wollte die Welt untergehen. Die Sonne verfinsterte sich, der Felsen teilte sich krachend, und dazwischen erschien die Königin der Nacht. Höchstpersönlich. Sie trug ein langes, dunkles Gewand, bestickt mit glitzernden Steinen. Auf ihrer Stirn leuchtete der Abendstern. Sie saß auf einem rabenschwarzen Thron.

Tamino blieb fast die Luft weg, und Papageno fiel vor Schreck der Länge nach hin. Die armen Vögel in seinem Käfig kreischten wild durcheinander.

Doch sofort waren alle still, als die Königin der Nacht rief: „Fürchte dich nicht, Tamino! Ich weiß, du bist mutig und klug. Nur du kannst einer Mutter helfen, der schweres Leid zugefügt wurde. Sarastro, der böse Herrscher des Tages, hat mir meine Tochter Pamina geraubt. Sieh da, ihr Bild!"

Eine der schwarzen Frauen übergab Tamino einen bemalten Karton.

Er betrachtete das Bild. „Das ist ja wunderschön!" flüsterte er. „Ein so bezauberndes Mädchen habe ich noch nie gesehen!" Sein Herz schlug höher. „Kann man sich denn in ein Bild verlieben?" fragte er sich. „Oh, wenn das Mädchen selbst vor mir stünde, wüßte ich es genau. Nein . . . und doch . . . ja: Ich liebe Pamina!"

Die Königin fuhr heftig fort, und ihre Stimme

funkelte jetzt wie ein Stern in einer klaren Nacht: „Eile zur Burg des Sarastro, rette Pamina! Sie sei dein!"

Wieder krachte und blitzte es fürchterlich. Die Königin der Nacht verschwand. Der Fels stand da wie zuvor. Allmählich gewann auch die Sonne ihre Leuchtkraft zurück.

Tamino war noch benommen und dachte: Die Königin der Nacht erteilt mir, ausgerechnet *mir* einen so hohen Auftrag? Ich soll, nein, ich darf ihre Tochter retten! O schöne Pamina, vertraue auf mich!

Doch wie würde er zur Burg des Sarastro finden?

Als habe sie seine Gedanken erraten, trat die zweite der geheimnisvollen Frauen zu Tamino und reichte ihm ein einfaches geschnitztes Rohr. *„Nimm diese Zauberflöte"*, sagte sie, „sie führt dich ins Reich des Sarastro und beschützt dich vor allen Gefahren."

Tamino steckte das Bild sorgsam in den Gürtel und nahm die Flöte. Kaum hielt er sie an die Lippen, fing sie wie von selbst zu spielen an, so herrlich, wie man noch nie eine Flötenmelodie gehört hatte.

Papageno konnte sich allerdings nicht dafür begeistern. Er rappelte sich vom Boden hoch und brummte wütend: „Hm, hmm, hmmm!" Er fand es ungerecht, für ein bißchen Schwindeln so streng bestraft zu werden.

Da kam auch schon die dritte schwarze Frau auf ihn zu und nahm das Schloß von seinem Mund. Dabei sagte sie gnädig: „Die Königin der Nacht erläßt dir die Strafe. Dafür sollst du Tamino zur Burg des Sarastro begleiten."

„Allerherzlichsten Dank", maulte Papageno, der wieder sprechen konnte. Sein Dank war freilich nicht ganz so herzlich gemeint. „Lieber ein Schloß vor dem Mund als meine Wenigkeit vor dem Schloß des fürchterlichen Sarastro! Ihr selbst habt mir erzählt, daß er fremde Leute rupfen und braten läßt und seinen Hunden zum Fraß vorsetzt. Nein, danke!" Er hatte genug und wollte gehen.

„Bedankt hast du dich", sagte die Frau und hielt ihn fest. „Damit du dich aber nicht zu fürchten brauchst, gebe ich dir dieses Glockenspiel. Wenn du es spielst, werden alle Menschen und Tiere freundlich zu dir sein, so freundlich wie du zu ihnen." Sie reichte Papageno ein kostbar verziertes Kästchen mit einer silbernen Kurbel an einer Seite.

Papageno nahm es zaghaft in die Hand und drehte an der Kurbel. Es erklang ein herrliches Zusammenspiel vieler Glöckchen. Papageno vergaß sofort seine Angst. Ehe er sich aber nun wirklich und ehrlich bedanken konnte, waren die drei Frauen verschwunden. Wie vom Erdboden verschluckt.

Tamino wunderte sich über nichts mehr. Zu viel Wunderbares war geschehen, seit er an der Quelle rasten wollte. Er fühlte, daß für ihn ein neues Leben begann. Er hatte eine Aufgabe und ein großes Ziel. Und er hatte die Zauberflöte. Sein Entschluß stand fest: Pamina wollte er retten, um jeden Preis.

„Komm, mein Freund", sagte er zu Papageno und klopfte ihm auf die Schulter. „Laß uns zur Burg des Sarastro gehen." Ein bißchen zögernd und noch ganz vertieft in sein Glockenspiel, nickte Papageno. Gemeinsam gingen sie fort in die Richtung, welche die Zauberflöte wies. Noch lange hörte man von ferne ihr Flöten- und Glockenspiel.

Mit Zauberflöte und Glockenspiel kann eigentlich nichts schiefgehen, meinst du. Aber da ist Sarastro, der Herrscher des

Tages. Ist er nicht besonders mächtig und böse? Schließlich hat er Pamina, die Tochter der Königin der Nacht, einfach entführt. Schrecklich, nicht wahr? Doch vielleicht steckt etwas anderes dahinter?

Ich will dir im voraus etwas verraten: Die Königin der Nacht plant Böses gegen Sarastro. Sie ist gar nicht so gramgebeugt und edel, wie es scheint. In ihrem Kopf spuken üble Rachegedanken. Hättest du das gedacht?

Jeder von beiden will Macht über den anderen gewinnen: Sarastro, der Herrscher des Tages, möchte auch über die Nacht regieren, und die Königin der Nacht auch über den Tag. Angenommen, einer von beiden gewinnt wirklich, was wäre dann? Nicht auszudenken: immer nur Nacht – oder immer nur Tag. Das heißt, immer nur schlafen – ohne Sonne, ohne Blumen, ohne lachen und spielen –, oder

immer nur wach sein, ohne sich einmal richtig ausschlafen zu können ... Nein, das wäre nicht gut.

Tamino und Papageno wanderten voller Spannung weiter. Sooft sie an eine Wegkreuzung kamen und nicht recht wußten, in welche Richtung sie gehen sollten, befragte Tamino seine Flöte. Er blies eine kurze Melodie, und augenblicklich wurde ihm klar, welcher Weg der richtige sein mußte. Er vertraute ganz auf sein kostbares Instrument.

Papageno fühlte sich nicht jedesmal so sicher. Seine Glöckchen gaben ihm da keine Auskunft. Aber er fand das Rätselspiel recht lustig, und schließlich war es ihm auch gleich, wohin er ging. Vögel, die er fangen konnte, gab es ja überall.

Die Landschaft verwandelte sich zusehends. Das karge Felsgebiet, aus dem sie kamen, ging allmählich über in ein üppiges Pflanzenreich.

Die kleinen verkrüppelten Kiefern wurden abgelöst durch hohe Laubbäume, die zarten Bergblümchen durch große, in allen Farben schimmernde Blumenfelder. Auch die Vögel wurden, zur Freude Papagenos, immer bunter.

Schließlich sahen sie vor sich eine wundersame kleine Stadt. Um einen Hügel rankten sich weiß getünchte Häuser mit flachen Dächern. Dazwischen ragte ein Tempel mit bunten Säulen hervor. Auf der Spitze des Hügels stand ein besonders reich verziertes Haus mit einer großen goldenen Kuppel. Ringsherum lief eine hohe Mauer.

Sollte dies die Burg des Sarastro sein? Tamino überlegte: Die Zauberflöte hatte sie hierher geführt, und sie gab auch eindeutig zu erkennen, daß sie vor dem Ziel ihrer Wanderung angekommen waren. Sollten sie einfach aufs Geratewohl hineingehen? Es erschien ihm besser, daß erst einer allein den Ort erforschte, damit sie sich einen Plan für die Befreiung Paminas zurechtlegen konnten.

Er bat Papageno: „Geh du voraus und prüfe,

ob das wirklich die Burg des Sarastro ist. Vielleicht kannst du herausfinden, wo Pamina gefangengehalten wird."

Papageno hatte schlechte Laune. Bei dem Gedanken an Sarastro wurde ihm ganz flau im Magen. „Wie stellst du dir das vor?" brummte er. „Du bleibst hier in Sicherheit, und mich schickst du einfach in den Bratofen dieses fürchterlichen Tagteufels. Oh, ich armer Papagei!"

Tamino beruhigte ihn: „Du hast doch das Glockenspiel. Weißt du noch, was die schwarze Frau dir sagte?"

Widerwillig machte sich Papageno auf den Weg. Durch hohes Gras pirschte er sich an die Mauer heran.

Durch ein Tor wollte er nicht gehen, das war ihm zu gefährlich. Er kletterte lieber über die Mauer, was nicht ganz einfach war. Denn er hatte nur eine Hand zum Klettern frei, in der anderen mußte er sein Glockenspiel halten. Aber sein Kletterkunststück gelang. Drüben sprang er flink hinunter, sah sich nach allen Seiten um

und schlich vorsichtig weiter.

Während Tamino wartete, hatte er eine sonderbare Erscheinung. Er dachte an Pamina und betrachtete die Stadt. Auf einmal standen vor ihm drei kleine Knaben. Sie grüßten artig und setzten sich ihm gegenüber auf den Boden. Verwundert bemerkte er, daß sie genauso gekleidet waren wie er. Es schien ihm, als säßen da drei kleine Taminos.

Die Knaben begannen gleichzeitig zu sprechen: „Du bist auf dem richtigen Weg, Tamino. Dein Ziel liegt vor dir. Aber die Aufgabe, die du dir vorgenommen hast, ist nicht einfach."

„Sagt mir, kleine Freunde", fragte Tamino, „wird es mir gelingen, Pamina zu retten?"

„Das dürfen wir dir nicht sagen", antworteten die Kaben wie aus einem Mund. „Nur soviel sollst du wissen: Wahre Liebe kann alles erreichen. Sie überwindet auch die gefährlichsten Hindernisse."

„Ich habe keine Angst", rief Tamino. „Meine Liebe zu Pamina könnte nicht größer sein! Und die Wut auf Sarastro, den bösen Mädchenräuber, gibt mir die nötige Kraft!"

Beim letzten Satz wurden die drei Knaben sehr ernst. Sie sagten: „Vorurteile können tödlich sein, Tamino. Darum sei klug, und höre, was wir dir raten."

Einer der Knaben begann: *„Sei standhaft!* Laß dich von niemand beschwatzen. Manche Leute wollen dich mit schönen Worten in die Irre leiten und zu schlechten Taten verführen. Denke sorgfältig nach, bevor du handelst."

Der zweite Knabe sagte: *„Sei duldsam!* Hunger und Durst kannst du leicht ertragen, das weiß ich. Aber wenn du Ungerechtigkeit und Bosheit vermutest, wirst du ungeduldig und urteilst voreilig. Denke sorgfältig nach, bevor du entscheidest!"

Der dritte Knabe ergänzte: *„Sei verschwiegen!* Du mußt nicht jedes Geheimnis deines Herzens preisgeben. Doch sollst du auch nicht lügen. Denke sorgfältig nach, bevor du redest!"

Tamino war sich vorgekommen wie in einer Schulstunde. Nur mit dem Unterschied, daß nicht er, der Ältere, der Lehrer war, sondern die kleinen Knaben, die doch eigentlich die Schüler sein mußten. Waren sie seine guten Geister, seine innere Stimme? Noch während er darüber nachdachte, waren die drei Knaben verschwunden, in Luft aufgelöst. Nun hielt es Tamino nicht länger; er sprang auf und lief auf die Burgmauer zu.

Zur gleichen Zeit erlebte Papageno eine große Überraschung. Er war noch nicht weit gekommen, als er am Fenster eines Hauses ein Mädchen sah. Er verglich es mit dem Bild, das er bei Tamino gesehen hatte. „Schwarze Augen – stimmt; blonde Haare – richtig; roter Mund – natürlich! Sie ist es!" Das mußte Pamina sein.

Er hüpfte aufgeregt von einem Bein auf das andere und öffnete leise die Tür. Kaum war er drinnen, stand er vor einem pechschwarzen Menschen. Papageno hatte noch nie einen Neger gesehen und erschrak fürchterlich. Der andere fuhr ebenso zusammen und begann zu zittern. Auch ihm war so ein vogelartiges Menschenwesen noch nie begegnet. Fast gleichzeitig riefen beide: „Huuh, das ist ja der Teufel!" Und jeder lief vor dem anderen davon.

Nach einer Weile hielt Papageno inne und kehrte zurück. Er hatte sich etwas überlegt: Es gibt ja schwarze Vögel – Amseln und Raben. Warum soll es nicht auch schwarze Menschen geben?

Papageno fand das schöne Mädchen ganz allein. „Pst, pst", flüsterte er, „Tochter der nächtlichen Königin!"

Pamina – sie war es wirklich – erschrak. Doch sie fing sich schnell und flüsterte zurück: „Nächtliche Königin, sagst du? Schickt dich etwa meine Mutter?"

„Ei freilich, schönes Nachtfräulein", antwortete Papageno leise. „Wir werden dich befreien."

„Was heißt *wir?*" fragte Pamina erstaunt.

„Da ist noch einer", erklärte Papageno, „Tamino nämlich. Er liebt dich!"

„Ein Mann, der mich liebt? Und er kommt, um mich zu befreien?" Pamina konnte ihre Freude kaum unterdrücken. Ungeduldig fragte sie weiter: „Wo ist er? Wie ist er? Bitte, erzähl mir von ihm!"

„Zu viele Fragen auf einmal", winkte Papageno ab. „Später will ich dir alles erzählen. Wenn wir noch länger hier plaudern, wird mich Sarastro erwischen und mir die Rückreise ersparen. Ich sehe mich schon in seinem großen Bratofen rösten. Komm, schönes Nachtfräulein, wir fliehen!"

Und noch ehe Pamina weiter nachdenken und fragen konnte, half Papageno ihr, aus dem Fenster zu steigen. Er kletterte nach. Kaum waren sie draußen, da erscholl ein fürchterlich schadenfrohes Gelächter.

„He, he, he! Jetzt haben wir euch erwischt!" Ein Dutzend dicke Wächter umringten die beiden. Einer war so schwarz wie der andere.

„O weh, o armer Papagei!" jammerte Papageno. Doch zum Glück erinnerte er sich an sein Glockenspiel. „Jetzt zeig, was du kannst!" rief er triumphierend und drehte die Kurbel. Die Wächter hörten die Glöckchen und fingen an, wie verrückt zu tanzen.

Das sah nun wirklich sehr komisch aus. Die dicken Männer hüpften herum, daß ihre Bäuche nur so wackelten. Einer von ihnen – es war der, den Papageno einen Augenblick lang für den Teufel gehalten hatte – sprang besonders hoch. Weil er fast kugelrund war, hätte man meinen können, er sei ein Fußball, mit dem die andern elf spielten. Dazu sangen sie geradezu atemlos:

*Das klinget so herrlich,
das klinget so schön,
lalala, lalala,
nie hab ich so etwas
gehört, noch gesehn,
lalala, lalala.*

Pamina und Papageno ließen die Männer weitertanzen und liefen schnell davon.

Inzwischen war Tamino vor drei Toren angekommen. Alle drei waren verschlossen. Er klopfte an das erste Tor. Von drinnen rief eine heftige Stimme: „Zurück!" Das Tor blieb zu. Tamino ließ sich nicht einschüchtern und probierte es am nächsten Tor. Und wieder ertönte die Stimme: „Zurück!"

Damit hatte Tamino nicht gerechnet. Er war ratlos und befragte seine Flöte, was er falsch gemacht habe. Sie gab ihm zu verstehen, daß er nur dann in die Burg gelangen konnte, wenn er ohne böse Absicht anklopfte.

Tamino überlegte: Pamina zu befreien, konnte doch nichts Böses sein! Und Sarastro...? Vielleicht lag hier der Haken. Er fühlte Zorn und Wut gegenüber Sarastro. War das etwa falsch? Er dachte an die drei Knaben und plötzlich wurde ihm klar, was sie gemeint hatten: Er durfte nicht allein auf die Königin der Nacht hören, sondern mußte versuchen, auch Sarastro zu begreifen.

Tamino schob alle Vorurteile beiseite. Entschlossen klopfte er an das dritte Tor. Und siehe da: Es öffnete sich und heraus trat ein Torhüter des Sarastro. „Was suchst du hier, fremder junger Mann?" fragte er.

Tamino wollte schon antworten „Pamina". Aber dann hielt er es doch für klüger, zunächst eine Gegenfrage zu stellen: „Herrscht hier Sarastro?"

Der andere antwortete: „Ja."

„Hat er wirklich Pamina, die Tochter der Königin der Nacht, entführt?" fragte Tamino weiter.

„Du sagst es", war die Antwort.

„Dann ist er also ein Unmensch, ein frecher Räuber?"

„Unmenschen und Räuber wirst du hier nicht finden", sagte der Torhüter gelassen. „Nichts geschieht ohne höheren Sinn."

„Doch der höhere Sinn kann recht einseitig sein", meinte Tamino hartnäckig. „Was der eine für gut hält, mag für den andern durchaus schlecht sein."

„Laß dich nicht von nächtlichen Gedanken verwirren", entgegnete der Torhüter, und seine Stimme wurde sehr ernst. „Warte ab, was der Tag dir zu sagen hat."

Tamino hielt es vor Ungeduld kaum noch aus. „So sag mir wenigstens", rief er, „lebt Pamina noch?"

„Ich darf mit dir darüber nicht sprechen", beendete der Torhüter die Unterhaltung. „Sarastro selbst wird dir alles erklären. Komm, ich führe dich zu ihm."

Niedergeschlagen setzte Tamino seine Flöte an den Mund. Und, o Wunder: es erklang eine tröstliche Melodie, in die sich Stimmen mischten, die sangen: „Pamina lebt! Sie lebt! Du wirst ihr Retter sein!"

Glücklich spielte er weiter. Da vernahm er von ferne die kleine Panflöte Papagenos. Es war wie eine Bestätigung. Noch einmal und noch ein-

mal blies er in die Flöte, und immer wieder hörte er die entfernte Antwort. Der Torhüter ließ ihn eine Weile spielen, dann führte er ihn in die Burg hinein.

Tatsächlich hatten Pamina und Papageno die Flöte Taminos gehört. Pamina wollte rufen, doch Papageno holte seine Panflöte hervor und sagte: „Die ist lauter, Tamino kennt ihren Ton!" Und er pfiff eine halbe Tonleiter. Taminos Flöte antwortete in der Ferne. Und wieder pfiff Papageno, und wieder gab Taminos Flöte die Antwort. Papageno fand das herrlich.

Pamina mußte ihn mahnen: „Wir dürfen keine Zeit verlieren!" Sie nahm ihn an der Hand und schnell liefen beide weiter in die Richtung, aus der die Flötentöne Taminos gekommen waren.

O Schreck! Als sie um die nächste Ecke bogen, blieben sie wie angewurzelt stehen. Beinahe wären sie direkt in die Arme Sarastros gelaufen. Ja, Sarastro stand vor ihnen: eine mächtige Gestalt in einem langen, weißen Gewand, das über und über mit Gold bestickt war. Auf dem Kopf trug er einen goldenen Helm, und auf seiner Brust schimmerte eine große goldene Spirale, der Siebenfache Sonnenkreis. Um ihn herum waren viele feierlich gekleidete Diener.

Das war zuviel für den armen Papageno. Blitzschnell überlegte er – so schnell hatte er noch nie gedacht –: Davonlaufen? Nein, unmöglich! Ich hab's: das Glockenspiel! Flugs nahm er es in beide Hände und ...

„Laß das", sagte Sarastro mit tiefer Stimme. „Mich kannst du nicht verzaubern."

Er gab einigen Dienern einen Wink. Diese nahmen Papageno das Glockenspiel einfach ab.

Papageno war verzweifelt. „O weh, o weh", seufzte er, „nun ist alles aus."

Sarastro beachtete ihn nicht weiter. Er wandte sich an Pamina: „Warum wolltest du fliehen?" fragte er streng.

„Großer Sarastro, welche Frage!" antwortete Pamina stolz. „Ist es nicht natürlich, daß eine Tochter aus der Gefangenschaft zu ihrer Mutter zurück will?"

„Gefangenschaft sagst du? Lebst du hier nicht frei im Licht des Tages?" Sarastros Stimme klang scharf. „Gefangen warst du vielmehr bei deiner Mutter in der Finsternis ihrer bösen Gedanken. Ich habe dich befreit!"

„Was nennst du Befreiung?" erwiderte Pamina. „Mein Reich ist die Nacht. Zwinge eine Eule, am Tag zu jagen, und frage sie dann, ob sie sich befreit fühlt. Und", setzte sie schnell hinzu, „warum nennst du die Gedanken meiner Mutter böse?"

Auf der Stirn Sarastros bildete sich eine Zornesfalte. Doch er beherrschte sich und sagte: „Du weißt, daß mir deine Mutter den Siebenfachen Sonnenkreis stehlen möchte, damit sie nicht nur über die Nacht, sondern auch über den Tag herrschen kann. Ist das nicht böse?"

„Der Siebenfache Sonnenkreis gehörte einst

meinem Vater", entgegnete Pamina kühl. „Er hat ihn dir vor seinem Tod freiwillig übergeben, damit du die Herrschaft über den Tag verwaltest. Kannst du nicht verstehen, daß ihn meine Mutter eigentlich als ihr rechtmäßiges Erbe betrachtet?"

„Dein Vater hatte gute Gründe, ihn nicht deiner Mutter anzuvertrauen, sondern mir", erklärte Sarastro. „Die Nacht sollte nicht zugleich über den Tag regieren."

„Aber *du* willst, daß der Tag auch die Nacht beherrscht", fuhr Pamina unbeirrt fort. „Warum hättest du mich sonst entführt? Hältst du das für weniger böse?"

„Der Tag ist größer als die Nacht", versetzte Sarastro hochmütig. „Alle Wesen auf der Erde verdanken ihr Leben der Sonne, sie muß auch die Nacht durchdringen. Meine Absicht ist edel und gut."

Pamina blieb ungerührt. „Auch die Nacht hat ihr Leben! Die Nachtigall singt, die Lotosblume blüht auf, und die Fledermäuse spielen munter in der Dunkelheit. Den Menschen und Tagtieren bringt die Nacht heilsamen Schlaf. Ist das nicht alles schön und gut?"

„Du hast den hohen Sinn des Tages nicht begriffen", sagte Sarastro enttäuscht.

„Verzeih, wenn ich dir widerspreche", entgegnete Pamina. „Jeder hat seinen Wert und seinen hohen Sinn: der Tag – und die Nacht. Laß, großer Herrscher, den Tag *Tag* sein und die Nacht *Nacht.*" Da Sarastro schwieg, fügte sie nach einer Weile hinzu: „Im übrigen weißt du, daß deine Macht mit Hilfe des Siebenfachen Sonnenkreises begrenzt ist. Du mußt sie einem Jüngeren übertragen, wenn er kommt und sich würdig erweist."

Währenddessen war Tamino, geführt von dem Torhüter, auf dem Platz angelangt. Er lauschte verwundert und zunehmend erregt dem Streitgespräch zwischen Pamina und Sarastro. Als er hörte, was Pamina zuletzt sagte, lief er auf sie zu.

„Hier bin ich, Pamina!" rief er.

Sie sah ihn an, und ihr Gesicht strahlte. „Du bist also Tamino, mein Retter!" stammelte sie.

Sie wollten sich vor Freude umarmen. Doch einige der Diener Sarastros riefen entsetzt: „Halt, welche Frechheit! Das geht zu weit!" Sie rissen die beiden auseinander und hielten sie fest.

Aber Sarastro gab den Dienern einen Wink,

und sie ließen Pamina und Tamino wieder los. Dann sagte Sarastro: „Fremder junger Mann, der du dich Tamino nennst, du kommst im Auftrag meiner Feindin, der Königin der Nacht. Ist es so?"

„Großer Sarastro", erwiderte Tamino ohne allzu tiefe Ehrfurcht, „die Königin der Nacht hat mich hierher gesandt, das ist richtig. Ob sie deine Feindin ist, das kann ich nicht beurteilen."

Beinahe hätte Sarastro gelächelt. Die mutige Antwort gefiel ihm. Aber er fragte mit ernster Miene weiter: „Hast du nicht mein Gespräch mit Pamina gehört? So weißt du doch, was die Königin der Nacht vorhat. Bist du etwa gekommen, um mir den Siebenfachen Sonnenkreis für sie zu stehlen?"

Tamino war empört. „Du tust mir unrecht, Sarastro. Mein einziges Ziel ist, Pamina zu befreien. Etwas anderes habe ich nicht im Sinn. So wahr ich hier stehe."

Sarastro dachte eine Weile nach. Pamina hatte ihn mit ihren Worten sehr beeindruckt. Und dann war auch noch dieser junge Mann gekommen. Sollte Tamino wirklich derjenige sein, dem er den Siebenfachen Sonnenkreis und damit die Herrschaft über den Tag übergeben mußte? Der Gedanke daran fiel ihm schwer. Zu sehr hatte er sich an seine Macht gewöhnt. Doch er wußte auch, daß einmal die Zeit reif war, abzudanken. Nur – war Tamino tatsächlich der richtige Nachfolger?

Das wollte Sarastro prüfen, mit allen Mitteln, über die er verfügte. Tamino sollte zeigen, ob er stärker war als alle Hindernisse, die ihm Sarastro in den Weg legen konnte. So leicht wollte der Herrscher des Tages seine Macht nicht aus der Hand geben.

Gespannt warteten alle auf ein weiteres Wort von Sarastro. Endlich fragte er Tamino: „Du liebst Pamina?"

Dieser antwortete schnell: „Ja. Seit ich ihr Bild sah, weiß ich, daß sie und keine andere meine Frau werden soll. Ich liebe sie mehr als mein Leben."

„Ein großes Wort", meinte Sarastro. „Bist du bereit, das was du sagst, auch zu beweisen?"

„Von Herzen gern", erwiderte Tamino.

Sarastro ging einen Schritt auf Tamino zu. „So gib mir deine Flöte", sagte er langsam, „als Zeichen dafür, daß du es ernst und wahrhaftig meinst." Er streckte Tamino seine Hand entgegen.

Auf dem Platz wurde es mäuschenstill. Kein Husten, kein Rascheln, kein Flüstern, überhaupt nichts war zu vernehmen.

Pamina wagte kaum zu atmen. Nur Papageno machte dem Tamino heftige Zeichen, er solle das doch ja nicht tun. Alle blickten gebannt auf Tamino.

Der Prinz zuckte zusammen. Es war ihm ganz und gar nicht wohl. Sollte er sich tatsächlich von der Flöte trennen? Vielleicht konnte er sie gerade jetzt notwendig brauchen! Oder wollte Sarastro ihm nur eine Falle stellen? Gab er seine Flöte weg, war vielleicht alles verloren. Gab er sie nicht weg, hatte er womöglich schon beim ersten Beweis seiner Liebe versagt. Pamina mußte ihm doch mehr wert sein als seine Zauberflöte. Oder?

Tamino entschied rasch. Wortlos legte er die Flöte in Sarastros Hand.

Papageno griff sich verzweifelt an den Kopf. Alle anderen atmeten erleichtert und hörbar auf.

Ein kleines Lächeln huschte über Sarastros Gesicht, und er befahl seinen Dienern: „Führt Tamino in den Probewald. Papageno soll ihn begleiten!"

Papageno schreckte hoch. „Nein", schrie er, „das ist nichts für mich!" Er hatte schon von dem schrecklichen Wald gehört. „Warum denn immer ich ... Nein, ohne mich!"

Ein Diener trat auf Papageno zu und versuchte ihn zu beschwichtigen. „Bisher hast du doch Tamino treu begleitet. Willst du ihn jetzt im Stich lassen? Im übrigen hält Sarastro eine große Überraschung für dich bereit."

„Was kann das schon für eine Überraschung sein?" meinte Papageno verächtlich.

„Nun", entgegnete der Diener ruhig, „nicht weniger als das, was du dir immer schon gewünscht hast."

„Und was wäre das?" fragte Papageno vorsichtig.

„Eine Papagena", war die Antwort.

„Eine Pa-pa-ge-na? Ein Mädchen, das ganz zu mir paßt?" stotterte unser Freund.

„Freilich", entgegnete der andere.

„Aber werde ich auch wieder aus dem Wald herauskommen?" Papageno war sehr mißtrauisch.

Der Diener machte eine unbestimmte Handbewegung.

„Wenn das ungewiß ist, bleibe ich lieber allein", sagte Papageno schnell.

„Willst du's nicht wenigstens versuchen?" fragte der andere.

„Hm, kann ich das Mädchen mal sehen?" Papageno blieb vorsichtig.

„Du wirst sie bald sehen", erwiderte der Diener. „Aber du darfst kein Wort mit ihr sprechen! Hörst du – kein Wort!"

„O armer Papagei, auch das noch!" seufzte Papageno. Doch die Aussicht auf eine Papagena war zu verlockend. Deshalb sagte er zögernd: „Na, meinetwegen."

Der Diener wandte sich an Tamino: „Auch für dich gilt: Stillschweigen. Was du auch immer sehen und erleben wirst, bleibe standhaft und verschwiegen!"

„Ich bin bereit!" sagte Tamino mit fester Stimme.

Diener des Sarastro stülpten den beiden Freunden Kapuzen über, so daß sie nichts mehr

sehen konnten. Dann führten sie sie weg.

Pamina blickte Tamino vertrauensvoll nach. Doch auch sie wurde weggeführt, in eine andere Richtung.

Das ist natürlich dumm, daß Tamino seine Zauberflöte nicht mehr hat. Ausgerechnet jetzt, wo er in den gefährlichen Probewald geführt wird. Vor ihm war nämlich noch keiner wieder heil herausgekommen.

Und Sarastro wird es auch dem Tamino nicht leichtmachen, selbst dann nicht, wenn ihn Pamina wirklich davon überzeugt hat, daß der Streit zwischen Tag und Nacht sinnlos ist.

Übrigens: Hättest du auch, wie Tamino, deine Flöte hergegeben? War das richtig? Also, ich glaube schon. Mach dir mal keine allzu großen Sorgen um ihn.

Anders steht es schon um Papageno. Er schwätzt doch gar zu gern! Wird er die Prüfungen im Probewald bestehen? Laß uns sehen.

Die Diener, die Tamino und Papageno führten, hielten nach einiger Zeit an. Sie nahmen ihnen die Kapuzen ab und ließen die beiden allein. Inzwischen war es Nacht geworden und so dunkel, daß Tamino und Papageno auch ohne Kapuzen überhaupt nichts sehen konnten. Vorsichtig tasteten sie um sich herum. Mehr als einmal stießen sie aneinander. Jedesmal fuhr Papageno erschrocken zusammen und meinte, von einem Geist gepackt worden zu sein. Tamino mußte ihn immer wieder beruhigen. Allmählich merkten sie, daß sie sich auf einer kleinen Wiese befanden, die von hohen Bäumen umgeben war. Hoch über ihnen rauschte es geheimnisvoll. Von weitem hörte man es donnern.

Papageno hatte Angst. „Tamino, bist du da?" Vorsichtig tappte er nach der Hand seines Freundes, fand sie und hielt sie fest. Mit einem freundschaftlichen Händedruck beantwortete Tamino die Frage.

Das Donnern kam näher. Im ersten Wetterleuchten sahen sie, daß sie tatsächlich auf einer kleinen, fast kreisrunden Lichtung standen. Ringsum war ein dichter Wald von mächtigen Palmen.

„A-alle Vögel der Erde will ich fangen und dem

Sara-ta-tastro opfern", stotterte Papageno, „wenn wir aus diesem Wa-Wald wieder gesund herauskommen!"

Ein Blitz und ein rasch folgender Donner zeigten, daß das Gewitter schon ziemlich nahe war.

„Ich glaube, ich habe Fihihieber." Papageno fröstelte.

Tamino drückte Papagenos Hand fester. Aber so ganz geheuer war ihm selbst auch nicht.

Da erschienen in einem Blitz drei ferne dunkle Punkte. Die Blitze folgten immer schneller aufeinander und ebenso das Donnern. Die Blitze wurden greller, der Donner stärker, und die drei Punkte kamen näher und wurden größer und größer. Schon blitzte und donnerte es unaufhörlich, daß einem Hören und Reden verging. Ein Donner überrollte den nächsten. Die Blitze zischten in allen Farben, hellgelb, rot und blau und grün. Papageno verlor Taminos Hand, rutschte aus und fiel auf den Hosenboden.

Tamino lehnte sich mit dem Rücken an einen Baum und umklammerte ihn mit beiden Armen.

Aus den drei Punkten wurden schwarz verschleierte Frauen, die nun mit dem heftigsten Donnerschlag vor den beiden standen. Tamino und Papageno erkannten sie sofort wieder: es waren die Dienerinnen der Königin der Nacht.

„Ihr seid verloren!" riefen sie in das Donnern hinein. „Aus diesem Wald kommt ihr nie wieder heraus. Sarastro wird euch töten!"

„Was sagt ihr da?" schrie Papageno. „Sarastro will uns töten? Ich hab's ja gewußt! Tamino, hörst du, Sarastro ist ein ganz falscher Bruder!"

„Sei still!" mahnte Tamino. Es war in diesem schrecklichen Gewitter kaum zu hören.

„Beinahe wäre alles gutgegangen", kreischten die drei Frauen weiter. „Warum seid ihr nicht mit Pamina geflohen? Ach, was seid ihr doch für Schwachköpfe!"

„Was hätten wir denn tun können", rief Papageno zornig, „gegen Sarastro und alle seine falschen Wächter und Diener?" Und er schrie Tamino an: „Sag doch auch mal was!"

Tamino löste sich von dem Baum und legte

nur einen Finger an die Lippen.

Eine der Frauen fragte Papageno listig: „Wo hast du denn dein Glockenspiel? He, hast du es etwa verschenkt?"

„Nein!" rief er völlig außer sich. „Man hat es mir einfach abgenommen. So eine Gemeinheit." Er achtete nicht darauf, daß Tamino wieder „pst" machte.

Die nächste der Frauen zischte: „Und wo hast du deine schöne Zauberflöte, Tamino? Hast wohl keine Lust mehr, darauf zu spielen?"

Tamino schwieg.

„Spielt uns doch ein schönes Liedchen auf euren Instrumenten!" neckten die drei Frauen. „Hei, wir wollen tanzen!" Mit geisterhaften Bewegungen begannen die drei Frauen sich im Kreis zu drehen.

„Kommt mit uns!" riefen sie. „Wir führen euch aus dem schrecklichen Wald heraus." Und spöttisch fügten sie hinzu: „Auch ohne Flöte und Glockenspiel."

Papageno konnte sich nicht mehr halten. „Komm, Tamino", brüllte er und sprang auf,

„laß uns mit den drei schönen Frauen abhauen!" Er rüttelte den Freund heftig an der Schulter.

Aber Tamino wies ihn ab und flüsterte scharf: „Hast du denn unsere Aufgabe ganz vergessen? Sei endlich still und kümmere dich nicht um das Geschwätz dieser Frauen!"

Immer wieder donnerte es, aber allmählich weiter entfernt. Auch die Blitze wurden schwächer.

Die Frauen zischelten weiter: „Dummköpfe seid ihr, wenn ihr nicht mitkommt! Feiglinge, Angsthasen, Trottel..."

Jetzt wurde Papageno aber böse. Wütend ruderte er mit den Armen in der Luft, wie wenn man Katzen oder Hühner scheucht. „Scht, scht..."

Die drei Frauen wurden kleiner und kleiner und verflüchtigten sich endlich als drei kleine Punkte zwischen zwei matten Blitzen.

„Puh." Papageno atmete auf. „Die sind wir los. Hoffentlich für immer. Dieses Weibergeschwätz hat mich ganz schön durstig gemacht. He, will man mich hier völlig verdursten

lassen?" Wütend schlug er mit der Faust an einen Baum.

Was jetzt folgte, kann man kaum beschreiben. Es geschah alles furchtbar schnell. Der Baum explodierte mit einem ohrenbetäubenden Krachen, ein Funkenbündel schoß hoch und ging in stinkenden Qualm über. Papageno war zurückgetaumelt, lag im Gras und hielt sich Augen und Nase zu. Tamino war nicht weniger erschrocken, doch er beherrschte sich und beugte sich zu seinem Freund nieder, um zu prüfen, ob er verletzt war. „Fehlt dir etwas, Papageno?" fragte er besorgt.

Aber diesem hatte es – zum ersten Mal – nur die Sprache verschlagen.

Eine krächzende Stimme sagte: „Hier, mein Engel, da hast du was gegen deinen Durst!"

Überrascht blickte Tamino in die Richtung, woher die Stimme kam. Papageno nahm vorsichtig die Hand von den Augen. (Die Nase hielt er sicherheitshalber noch zu.)

Der Qualm hatte sich aufgelöst, und an der Stelle, wo vorher der Baum gewesen war, stand gebückt ein altes, häßliches Weiblein. Es hielt Papageno einen großen Becher entgegen. „Da, trink!"

Noch immer wortlos stand Papageno langsam auf. Das Weiblein hinkte auf ihn zu und reichte ihm den Becher. Hastig riß er ihn an sich und nahm einen großen Schluck.

„Pah." Er hatte seine Sprache wiedergefunden und schüttelte sich. „Das ist ja pures Wasser!

Auf den Schrecken hin hätte ich wenigstens Wein oder Bier erwartet."

„Jedem so, wie er es verdient", schnarrte das Weiblein. „Mein junges Herz versteht dich recht gut."

„Junges Herz", murrte Papageno verächtlich. Er achtete nicht auf Tamino, der ihm wieder ein Zeichen machte, er solle doch schweigen.

„Wie alt bist du denn?" fragte er die Alte spöttisch.

„Achtzehn Jahre und zwei Minuten", antwortete das Weiblein vergnügt. „Fast so alt wie du."

Papageno lachte. „Du meinst wohl achtzig Jahre! Ha, ha, ha! Die zwei Minuten schenke ich dir. Geh sorgfältig damit um! Ha, ha, ha!" Er konnte sich kaum mehr halten vor Lachen.

Tamino wisperte „pst", aber Papageno kümmerte sich nicht darum.

„Hast du auch einen jungen Freund, du junge Alte?" fragte er höhnisch.

„Ei freilich", gluckste die Alte, „er heißt Papageno."

„Pa-pa-ge-no", stotterte unser Freund. Das

Lachen war ihm vergangen. „Meinst du etwa mich?"

„Aber ja, mein Liebster!" Die Stimme der Alten überschlug sich vor Vergnügen.

„Mach bloß keine faulen Witze!" schrie Papageno und schüttete ihr den Rest des Wassers entgegen. Als hätte das Wasser einen heißen Ofen getroffen, zischte ein gewaltiger Dampf auf. Kaum hatte er sich verzogen, war das Weiblein verschwunden, und an ihrer Stelle stand wieder der alte Baum wie vorher. Papageno blickte ihn sehr mißtrauisch an und setzte sich weit davon entfernt ins Gras.

„Alter Schwätzer", sagte Tamino betrübt, "kannst du denn kein bißchen still sein. Du siehst doch jetzt, was du mit deiner Plapperei alles anrichtest."

„Ach", meinte Papageno zerknirscht, „alles mögliche kann ich ertragen: explodierende Bäume, Donner, Blitz und blöde Weiber, aber schweigen, nein . . ., das kann ich halt nicht."

„Du solltest Plappergeno heißen und nicht Papageno", meinte Tamino und ließ sich am an-

deren Ende der Lichtung nieder.

"La, la, la, lala, la!" Papageno sang vor sich hin, um sich wieder Mut zu machen.

✱

Plötzlich schreckte ein helles Rauschen die beiden auf. Sie schauten hoch. Auf dem Wipfel einer Palme saßen, umgeben von einem Lichtschein, drei kleine Knaben. Sie winkten und riefen: "Hallo, Freunde!" Dann sausten sie, einer nach dem andern, auf einem langen Palmenblatt herunter – sst, sst, sst – wie auf einer Rutschbahn. Das Licht folgte ihnen. Da standen sie nun, gekleidet wie kleine Diener des Sarastro. Einer hatte das Glockenspiel in der Hand, der andere die Zauberflöte, der dritte hielt einen großen Korb, aus dem Würste, Schinken, Brot und Weinflaschen herausschauten.

Tamino kannte die Knaben schon, aber er wunderte sich, daß sie diesmal wie Diener des Sarastro gekleidet waren.

Die Knaben sagten: "Wir bringen euch zurück, was euch gehört – dir, Papageno, das Glockenspiel, und dir, Tamino, die Flöte."

Na, da waren die beiden aber froh, als sie ihre Instrumente wieder hatten. Glücklich nahmen sie sie entgegen und drückten sie an sich.

Der dritte Knabe stellte den Korb auf den Boden und lud die beiden mit einer netten Gebärde ein: „Hier könnt ihr euch ein bißchen stärken. Eßt und trinkt, soviel ihr wollt."

„Aber denkt daran", sagten wieder alle drei zusammen, „seid schweigsam! Vor allem du,

Papageno, laß das Plaudern!"

Dann riefen sie fröhlich: „Auf Wiedersehen!" Jeder ergriff ein Palmenblatt, schwang sich empor und flog mit einem doppelten oder dreifachen Salto – so genau konnte man das nicht sehen – davon. Und mit ihnen verschwand das Licht.

Papageno steckte sein Glockenspiel weg und stürzte sich auf den Korb. „Ah, wie das duftet! Und wie das schmeckt! Dieser edle Tagesmeister hat auch eine recht edle Küche", meinte er mit vollem Mund. „Und der Wein", er schlürfte ein Glas in einem Zug leer, „ist schon was anderes als Wasser. Komm, Tamino, laß dir's auch schmecken!"

Tamino war so in seine wiedergewonnene Flöte vertieft, daß er für nichts anderes Interesse hatte. Er dachte an Pamina und spielte eine schöne Melodie.

Und wieder geschah etwas Seltsames. Eine rötlich schimmernde Kugel schwebte auf die Lichtung zu wie ein großer durchsichtiger Luftballon. Darin saß Pamina.

Taminos Herz klopfte wild. Er wollte auf die Kugel zueilen, aber er hielt sich zurück und spielte fast krampfhaft auf seiner Flöte weiter. Der Ballon stand drei Handbreit über dem Boden still. Wie durch einen Schleier hörte Tamino die Stimme seiner lieben Freundin: „Tamino, lieber Tamino, deine Flöte hat mich hierhergeführt. Willst du mich jetzt befreien und mit mir fliehen?"

Tamino schwieg.

„Wie", fuhr Pamina fort, „du wendest dich ab? Was habe ich dir getan?"

Tamino blieb tapfer und gab keine Antwort.

„Papageno, sag du mir", bat Pamina den, der sie schon einmal beinahe befreit hatte, „was ist los mit Tamino?"

Aber Papageno aß munter weiter und bedeutete ihr, daß er nicht sprechen konnte, weil sein Mund randvoll war.

Pamina wurde sehr traurig. „Auch du willst nicht mit mir reden?" Sie war den Tränen nahe und versuchte noch einmal, Tamino zum Sprechen zu bewegen: „Bitte, Tamino, sag doch ein

Wort." Und als Tamino weiter stumm blieb, fuhr sie fort: "Was Sarastro noch mit dir vorhat, ist sehr gefährlich und kann tödlich sein. Flieh, und nimm mich mit!"

Tamino sagte noch immer nichts.

"Dann muß ich allein in die Nacht zurückkehren", sagte Pamina. Und Tränen liefen über ihre Wangen.

Tamino konnte das nicht mehr mit ansehen. Hin- und hergerissen zwischen Schweigepflicht und Liebe wandte er sich abwechselnd ab und Pamina wieder zu und lief schließlich zur Kugel hin, berührte sie, wie um Pamina zu streicheln – und da zerplatzte der Ballon. Pamina verschwand. Zurück blieb nur ein kleines rotes Band. Tamino hob es auf und wickelte es sorgsam um seine Flöte.

Papageno ließ sich nicht einmal durch das Zerplatzen des Ballons stören, sondern aß und trank vergnügt weiter. "Siehst du", sagte er zwischen zwei Bissen zu Tamino, "daß ich auch schweigen kann, wenn es wirklich sein muß." Wieder nahm er einen kräftigen Schluck Wein.

Inzwischen war es heller geworden. Der Morgen brach an. Tamino glaubte, daß nun alle Schrecknisse des Probewaldes überwunden waren.

„Komm, Papageno", sagte er, „laß uns gehen. Die Nacht ist vorüber."

„Ausgerechnet jetzt soll ich gehen?" murrte Papageno, „wo ich doch erst mit der Vorspeise angefangen habe!"

Kaum hatte er ausgebrummt, als die Erde unter dem Korb nachgab. Tamino konnte Papageno gerade noch zurückreißen. Tatsächlich: die Wiese verwandelte sich in ein brodelndes Moor. Schon sah man von dem Korb nur noch den Henkel, und dann war auch dieser verschwunden. Blubb, blubb...

„O schäbiger Papagei, jetzt muß ich doch tatsächlich verhungern!" rief Papageno verzweifelt. Tamino blickte ihn mißbilligend an.

Als wäre dies ein heimliches Kommando gewesen, begann auf einmal ringsherum ein Knurren und Heulen, erst leise, dann immer lauter, bis es zu einem grauenvollen Brüllen, Bellen und Kreischen anwuchs. Im Dämmerlicht sahen sie um sich eine wilde Schar von Löwen, Tigern, Bären und Wölfen. Gierig fletschten sie die Zähne. Ein ganzer Tierpark war erwacht. Darüber kreisten häßliche Geier, die mit den Schnäbeln klapperten, daß es wie höllisches Gelächter klang.

Papageno verschluckte sich an dem letzten Bissen, den er noch im Mund hatte, und mußte so husten, daß er nicht einmal „armer Papagei" rufen konnte. Auch Tamino war gewaltig erschrocken. Doch er behielt einen klaren Kopf und setzte seine Flöte an den Mund. Es dauerte eine Weile, bis ihr sanfter Ton in dem tierischen Lärm zu hören war. Dann spitzte ein Tier nach dem andern die Ohren, hörte auf zu brüllen, zu knurren und zu bellen, winselte noch ein bißchen und war schließlich ganz still. Und ein Tier nach dem anderen begann zu tanzen und tanzte und tanzte: die Bären und die Tiger auf den Hinterpfoten, die Löwen und die Wölfe auf allen vieren. Die Geier flogen auf die Erde und bewegten sich plump im Kreise.

Mit offenem Mund hatte Papageno das Schauspiel verfolgt. Nun nahm er sein Glockenspiel und drehte an der Kurbel. Der Klang der Glöckchen mischte sich wunderbar mit dem Flötenton, und es schien, als hüpften die Tiere noch fröhlicher herum.

Tamino ging mit seiner Flöte mitten durch die Schar der wilden – und jetzt so sanften – Tiere hindurch. Papageno folgte dicht hinter ihm.

Was meinst du? Haben Tamino und Papageno die Proben in diesem schrecklichen Wald richtig bestanden? Bei Tamino bin ich mir eigentlich ganz sicher. Wie gerne hätte er mit Pamina gesprochen! Aber er schwieg tapfer. Ebenso bei den schwarzen Frauen und der Erscheinung des alten Weibleins. Und wie gut war es, daß er vor den wilden Tieren seine Flöte wieder spielen konnte!

Was Papageno betrifft, so kann er halt das Plaudern nicht lassen. Ist das wirklich so schlimm? Immerhin ist er, trotz seiner großen Angst, bei seinem Freund Tamino geblieben.

Wenn du meinst, es sei gar nicht so schwer, den Mund zu halten, so versuch's doch mal. Zum Beispiel wenn du für deine Mutter ein Geburtstagsgeschenk hast und damit warten sollst, bis ihr Festtag kommt. Fällt es dir da so ganz leicht, still zu sein und nicht zu verraten, was du ihr schenken wirst? Und wenn es nur ein ganz kleines Wörtchen ist?

Na, gute Nacht!

Halt! Was heißt hier „gute" Nacht? So gut ist sie in unserer Geschichte gerade nicht. Die nächtliche Königin hat nämlich ihren teuflischen Plan, den Siebenfachen Sonnenkreis zu stehlen, keineswegs aufgegeben . . .

✱

Pamina konnte lange nicht einschlafen. Sie warf sich auf ihrem Lager unruhig hin und her. Auf einmal merkte sie, daß neben ihr jemand stand. Sie schaute hoch – und sah die Königin der Nacht.

„Mutter, o Mutter", rief Pamina freudig überrascht, „meine Mutter!" Sie umarmte sie.

Doch die Königin der Nacht wehrte sie ab und fragte ernst: „Warum bist du nicht mit Tamino geflohen? Ich habe ihn doch deshalb zu dir gesandt!"

„Er ist im Probewald", erwiderte Pamina. „Weißt du das nicht?"

„Natürlich weiß ich das", sagte die Königin spitz. „Meine Dienerinnen haben dort gerade vergebens versucht, ihn zur Flucht zu bewegen. Nun mußt *du* ihn dazu bringen, mit allen Mitteln."

„Tamino hat die Prüfungen freiwillig auf sich genommen", erklärte Pamina. „Er wird sie sicher bestehen!"

„Da sei nur nicht so sicher", entgegnete die

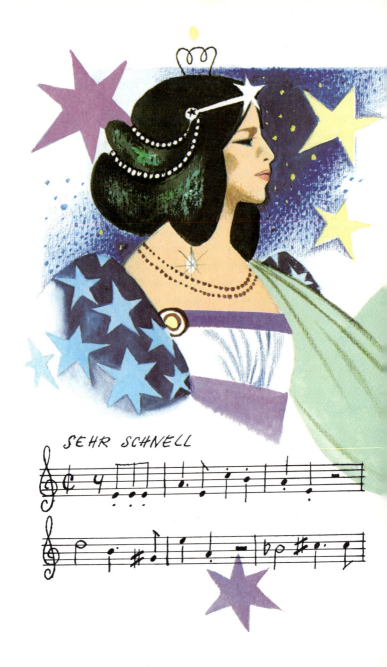

Königin höhnisch. „Er wird im Probewald umkommen..."

„Nein!" rief Pamina angstvoll dazwischen.

„... wenn du nicht noch heute nacht mit ihm fliehst!" ergänzte die Mutter schnell. Und lauernd fügte sie hinzu: „Folgt er dir nicht und spricht er kein Wort mit dir, so weißt du, daß er dich nicht mehr liebt. Dann ist er ganz und gar dem Sarastro verfallen und – tot oder lebendig – auf immer für dich verloren!"

„Aber, Mutter", versetzte Pamina aufgeregt, „das Gegenteil ist doch der Fall. Du weißt, daß Tamino jetzt nicht sprechen *darf!*"

„Ach, siehe da", sagte die Königin der Nacht verächtlich, „sogar meine eigene Tochter glaubt den Lügen des Sarastro." Drohend fuhr sie fort: „Wenn du nicht tun willst, was ich dir sage, so gibt es für dich nur noch einen Ausweg: Töte Sarastro, meinen Erzfeind! Reiß ihm den Siebenfachen Sonnenkreis von der Brust und bring ihn mir. Denn mir gehört er, mir!"

„Nein, Mutter, liebste Mutter", schrie Pamina außer sich, „das ist nicht dein Ernst! Das kannst du nicht von mir verlangen! Nie und nimmer!"

Doch bevor sie sich's versah, drückte ihr die Königin der Nacht einen Dolch in die Hand. Ihre Stimme zitterte vor Wut: „Nimm diesen Dolch, er ist für Sarastro bestimmt. Tötest du ihn nicht, so bist du nicht mehr meine Tochter! Auf ewig sollst du verstoßen sein!" Unter Donner und Blitz versank die Königin in der Dunkelheit.

Pamina stand wie betäubt da, den Dolch in der Hand. Verzweifelt warf sie sich auf ihr Lager und weinte hemmungslos. Bald fiel sie vor Erschöpfung in einen tiefen Schlaf.

*

Pamina hatte einen merkwürdigen Traum: Sie hörte Taminos Flöte und eilte zu ihm. Schon sah sie ihn, doch sie konnte nicht nahe zu ihm hinkommen – eine unsichtbare Wand hinderte sie. Sie rief ihm zu, aber er hörte sie nicht. Immer wieder versuchte sie, mit ihm zu sprechen; es war vergebens. Da nahm sie ein rotes Band aus ihrem Haar und warf es über das Hindernis. Tamino fing es auf und winkte ihr damit zu, und sie winkte zurück, und...

Als Pamina erwachte, dämmerte der Morgen. Mit Entsetzen sah sie den Dolch, den sie noch in der Hand hielt. Sie erinnerte sich an das schreckliche Gespräch mit ihrer Mutter. „Niemals werde ich tun, was du von mir ver-

langst!" bekräftigte sie, als stünde die Königin noch vor ihr. "Niemals werde ich einen Menschen töten." Entschlossen warf Pamina das Messer weit von sich. Es landete klirrend in der äußersten Ecke des Zimmers.

Das Klirren ging über in einen dumpfen Laut und verwandelte sich in die dunkle Stimme Sarastros: "Du hast recht getan, Pamina. Geh zum Tempel! Dort wirst du Tamino finden." Pamina sah sich erstaunt um, konnte aber niemand sehen. Trotzdem sprang sie sofort auf und lief fort in Richtung des Tempels.

Inzwischen waren Tamino und Papageno mit Flöte und Glockenspiel aus dem Wald herausgekommen. Unversehens standen sie vor dem großen Tempel, mitten in der Burgstadt. Diener des Sarastro erwarteten sie. Einer ging auf Papageno zu und stülpte ihm, bevor er wußte, wie ihm geschah, wieder eine Kapuze über und führte ihn weg. Nur undeutlich hörte man noch sein wütendes Brummen, das so klang wie: „Verd... Pa... gei!"

Zwei andere Diener wandten sich zu Tamino. „Achte auf unseren Spruch. Wenn du den Sinn dieser Worte errätst, darfst du dich auch an die letzten, schweren Prüfungen des Sarastro wagen:"

Der,
welcher wandert diese Straße
voll Beschwerde,
wird rein
durch Feuer, Wasser,
Luft und Erde.

Tamino mußte nur kurz nachdenken. Er antwortete: „Luft und Erde habe ich bezwungen. Die Tiere der Erde und die Vögel der Luft sind dem Lied meiner Flöte gefolgt. Kein Lufthauch eines Wortes kam über meine Lippen, als ich nicht sprechen durfte. Und die Früchte der Erde, Fleisch, Brot und Wein, habe ich verschmäht. Nun erwarten mich noch die Gefahren von Feuer und Wasser. Mit meiner Flöte habe ich keine Angst davor."

„Du hast gut gesprochen", sagten die Männer. „Doch mußt du wissen, daß deine Zauberflöte dich nur dann schützt, wenn du die richtige Melodie findest. Sie steckt in der Flöte, aber sie kommt nur hervor, wenn du in der rechten

Weise bläst: hell oder dunkel, laut oder leise, hoch oder tief. Überlege sorgfältig!"

„Ich werde den richtigen Ton finden", erwiderte Tamino fest. „Doch", fragte er weiter, „wo ist Pamina?"

„Sie wartet auf dich im Tempel", erklärten die Diener. „Auf dem letzten Weg der Prüfungen wird sie dich begleiten."

Das grüne Tor des Tempels öffnete sich, und Tamino stürzte erwartungsvoll hinein. Lautlos schloß sich das Tor hinter ihm.

Im halbdunklen Raum erkannte Tamino viele Säulen um sich. An einer lehnte Pamina. Tamino war glücklich, als er sie sah. Er fragte sie: „Bist du wirklich bereit, mit mir durch Feuer und Wasser zu gehen?"

„Ja", sagte Pamina mutig, „gemeinsam werden wir es schaffen. Die Zauberflöte wird uns helfen."

An der Flöte entdeckte Pamina jetzt ein rotes Band, und sie erinnerte sich an ihren Traum.

Noch bevor sie Tamino fragen konnte, wie er zu diesem Band gekommen war, gab er es ihr lächelnd zurück. Verwundert flocht sie es wieder in ihr Haar.

Kindliche Stimmen rissen beide aus ihren Gedanken. Vor ihnen schwebten die drei Knaben. Tamino, der ihnen schon zweimal begegnet war, legte seinen Arm beruhigend um Pamina.

Erstaunt bemerkte Tamino, daß die Knaben diesmal wie Sarastro selbst gekleidet waren, in goldbestickte, weiße Gewänder.

Die Knaben sagten: „Bald werdet ihr die Sonne wieder sehen. Auch die Nacht soll einen Teil von ihr erhalten. Eure Liebe und das Lied der Flöte werden Feuer und Wasser bezwingen. Habt keine Angst, wenn das Tor sich öffnet."

Die Knaben flogen hoch, als hätten sie Flügel, und verschwanden durch ein offenes Fenster des Tempels. Vor Tamino und Pamina öffnete sich langsam und lautlos ein mächtiges rotes Tor. Was sie dahinter sahen, ließ sie nun doch schaudern ...

Unterdessen war Papageno an einen finsteren Ort geführt worden. Ringsum standen hohe Mauern. Er fühlte sich wie in einem Gefängnis. Auch hatte er schon wieder schrecklich Hunger und Durst. Er holte sein Glockenspiel hervor, schüttelte es kräftig und rief: „Was ist das für eine schlechte Behandlung! Man sperrt mich hier ein und gibt mir nicht einmal Wasser und Brot. Heda, ich möchte einen ordentlichen Gänsebraten mit Bier!" Die Glöckchen schrillten abscheulich.

Anstelle einer freundlichen Bedienung erschienen aber die schwarz verschleierten Frauen. Auch die Königin der Nacht war dabei. Alle zusammen riefen: „Papageno, du bist verloren, wenn du nicht mit uns kommst und gegen Sarastro kämpfst. Hilf uns, ihn zu töten und den Siebenfachen Sonnenkreis zu stehlen! Dann sollst du für immer so viel zu essen und zu trinken haben, wie du willst!"

„Kämpfen, töten und stehlen", schrie Papageno, „das ist nicht meine Sache, da vergeht mir jeder Appetit. Kämpft und stehlt allein, ohne mich!" Wütend warf er sein Glockenspiel in die Ecke. „Ihr und Sarastro und seine falschen Diener – ihr alle könnt mir gestohlen bleiben!"

Heirumsdada! Das krachte und blitzte und klingelte, wie wenn ein wild gewordener Radfahrer durch ein Gewitter fährt. Dort, wo die Nachtgespenster standen, öffnete sich der Boden und verschlang die drei schwarzen Frauen mitsamt der Königin der Nacht. Weg waren sie.

Es dauerte eine Weile, bis sich Papageno von dem Schrecken erholt hatte. Dann seufzte er: „Ach, wenn nur endlich meine Papagena bei mir wäre."

Reumütig sammelte er sein zerbrochenes Glockenspiel auf, und – o Wunder – sobald er eines der Glöckchen aufhob, begann es schöner zu klingen als je zuvor.

Die krächzende Stimme, die dazwischen ertönte, paßte eigentlich gar nicht dazu: „Hier bin ich schon, mein Engel!" Das alte Weiblein war wieder da.

„O du alter Papagei", brummte Papageno. Er war nicht sehr begeistert.

„Ich bin nicht dein Papagei", erklärte das Weiblein, „laß doch endlich diesen blöden Spruch. Ich bin deine Papagena."

„Meine Papagena?" Er starrte die alte Frau entgeistert an.

„Da hat mir Sarastro doch einen bösen Streich gespielt!"

„Willst du auf immer hier bleiben, in diesem finsteren Raum, ohne Essen und Trinken?" fragte das Weiblein.

„Ohne Essen und Trinken, und immer im Dunkeln? Nein, danke!" rief Papageno.

„So gib mir deine Hand und schwöre, daß du mir ewig treu sein wirst." Das Weiblein streckte Papageno seine Hand entgegen.

Ein wenig zauderte er. Dann ergriff er die Hand und meinte ergeben: „Lieber dich, als hier versauern."

„Du versprichst mir also, treu zu sein?" fragte das Weiblein.

„Selbstverständlich!" antwortete Papageno.

Und leise setzte er hinzu: „Ich werde es wenigstens versuchen..."

Da warf die Alte ihre Kleider ab, strich sich übers Gesicht – und vor Papageno stand ein hübsches junges Mädchen, in lauter bunte Federn gehüllt, genauso wie er.

„Pa-pa-ge-na!" flüsterte Papageno stotternd.

Und Papagena wisperte ebenso: „Pa-pa-ge-no."

„Du bist wirklich meine Papagena?" fragte er.

„Und du bleibst mein Papageno?" fragte sie.

„Und wir werden viele kleine Kinder haben!" jubelte er.

„Ja", jauchzte sie, „viele, viele kleine Papagenos und Papagenas!"

Da löste sich ein Glöckchen nach dem andern aus Papagenos Hand und wurde zu einer schillernden Kugel, die aussah wie eine Seifenblase. In der ersten erschien ein kleiner Papageno, in der zweiten eine kleine Papagena, dann wieder ein kleiner Papageno und wieder eine kleine Papagena und wieder und wieder – und schließlich fing die größte Blase Papageno und

Papagena selbst ein und schwebte mit ihnen hoch. Die Mauern öffneten sich nach allen Seiten. Davor dehnte sich ein unendlicher Garten voller Sonnenblumen. Und darüber hinweg flogen all die Papagenas und Papagenos fort in ein fernes Land.

Hinter dem mächtigen roten Tor, das sich zur gleichen Zeit vor Tamino öffnete, war kein lieblicher Garten. Und was da so gelbrot wogte und zuckte, waren auch keine Sonnenblumen. Es war eine dichte Wand von Feuer. Es prasselte und zischte ohrenbetäubend. Turmhoch schossen die Flammen empor. Eine fürchterliche Hitze schlug Tamino und Pamina entgegen und nahm den beiden fast den Atem.

Tamino hielt die Flöte an den Mund und blies eine dunkle, leise Melodie. Pamina legte eine Hand auf seine Schulter. So gingen sie gefaßt auf das Feuer zu. Und siehe da: Es wich vor ihnen nach beiden Seiten zurück und öffnete eine breite Gasse. Sie schritten hindurch, ohne

sich im geringsten zu verbrennen. Hinter ihnen schlugen die Flammen wieder zusammen.

Pamina und Tamino atmeten tief auf, als sie das Flammenmeer überwunden hatten. Doch es blieb ihnen nur eine kurze Zeit zum Verschnaufen. Vor ihnen öffnete sich ein großes blaues Tor. Hohe Wellen schlugen an die Tempelmauer und sprühten ihnen eiskalten Gischt entgegen. Dahinter rauschte und brauste ein gewaltiger See, wie vom Sturm gepeitscht. Ein Wasserfall bildete eine schier undurchdringliche Wand.

Energisch nahm Tamino die Flöte wieder auf und blies eine helle, laute Melodie. Abermals legte Pamina ihre Hand auf seine Schulter. So gingen sie mutig auf das Wasser zu. Tamino hatte den richtigen Ton getroffen: Wie das Feuer, so wich auch das Wasser vor ihnen zu beiden Seiten zurück. Sie mußten tief hinuntersteigen, bis auf den Grund, ständig von dem wilden Wasser umgeben. Hinter ihnen schlugen die Wellen tosend zusammen. Am Ende des Sees mußten sie noch durch die Wand des

Wasserfalls schreiten. Er öffnete sich vor der Flöte wie ein Vorhang, so daß sie endlich am andern Ufer ankamen, ohne auch nur ein bißchen naß geworden zu sein.

Wieder wollten Tamino und Pamina befreit aufatmen. Doch da ging vor ihnen ein drittes Tor auf, ein goldenes. Sie schritten hindurch - und standen direkt vor dem Palast des Sarastro. Auf den Stufen des Palastes kam ihnen der Herrscher des Tages selbst entgegen. Die Sonne stand hoch am Himmel.

„Seid willkommen!" rief ihnen Sarastro zu. „Ihr bringt Glück und Freude allen Menschen. Eure Liebe, euer Mut und euer Vertrauen auf die Kraft der Musik haben alle Hindernisse überwunden."

Feierlich nahm Sarastro den Siebenfachen Sonnenkreis von seiner Brust und hängte ihn Tamino um. Mit bewegter, aber durchaus fester Stimme sagte er: „Hiermit übergebe ich dir die Macht über den Tag. Fortan sollst du den Siebenfachen Sonnenkreis tragen und über den Tag herrschen. Und du, Pamina", fuhr er

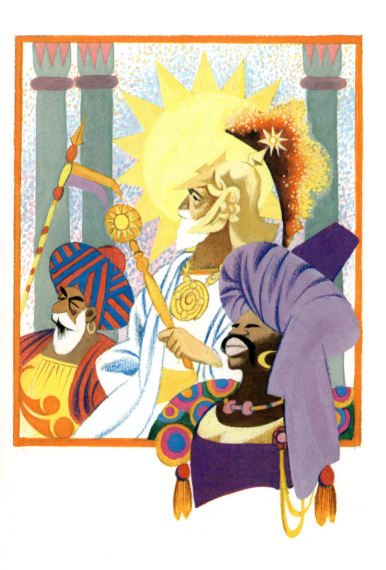

fort, „bist die Erbin des Nachtreiches, das deine Mutter durch ihre bösen Rachegedanken für immer verloren hat. Tag und Nacht gehören zusammen wie Mann und Frau, wie Tamino und Pamina. Nie mehr sollen sie sich streiten. Seid glücklich und herrscht gemeinsam friedlich über Tag und Nacht."

Tamino und Pamina umarmten sich und küßten sich. Und über ihnen und um sie herum war eine herrliche Musik.

So sehr liebte Pamina ihren Tamino, daß sie ihm erlaubte, auch in die Nacht seine Sonnenstrahlen zu senden. Nicht direkt, sondern über den Mond, der seither jede Nacht die Strahlen der Sonne auffängt und einige davon an die Erde weitergibt. So bleibt uns auch im Dunkeln die Gewißheit, daß die Sonne immer da ist und jeden Morgen von neuem aufgeht.

Und die Zauberflöte? Ich weiß nicht, wo sie geblieben ist. Aber eines ist sicher: In jeder Flöte steckt seither ein Stückchen von ihrem Zauber. Auch in deiner.

Wolfgang Amadeus Mozart hat zu dieser Geschichte eine zauberhafte Musik komponiert. Er wurde am 27. Januar 1756 geboren und ist am 5. Dezember 1791 gestorben. Er war neben Joseph Haydn und Ludwig van Beethoven der größte Komponist klassischer Musik. Seine Oper „Die Zauberflöte" wurde am 30. September 1791, also kurz vor seinem Tod, zum ersten Mal aufgeführt.

Wenn du einmal diese schöne Oper im Theater miterlebst, wirst du dich an viele der hier erzählten Ereignisse erinnern.

In die Illustrationen dieses Buches sind einige Melodien Mozarts eingefügt. Sie sind so gesetzt, daß du sie auf deiner Flöte spielen kannst. Versuch's einmal!

Die Melodien werden in der Oper mit Texten gesungen. Die Anfänge der Texte lauten:

Seite 16/17
„Der Vogelfänger bin ich ja"

Seite 30/31
„Wie stark ist doch dein Zauberton!"

Seite 44/45
„Das klinget so herrlich, das klinget so schön!"

Seite 52/53
„In diesen heiligen Hallen kennt man die Rache nicht"

Seite 80/81
„Ein Mädchen oder Weibchen wünscht Papageno sich"

Seite 92/93
„Der Hölle Rache kocht in meinem Herzen"

Seite 110/111
„Bald prangt, den Morgen zu verkünden, die Sonn' auf goldner Bahn"

© 1983 by Franz Schneider Verlag
GmbH & CO. KG
München – Wien – Hollywood/Florida USA
Deckelbild und Illustration Oldrich Jelinek
Redaktion Monika Raeithel-Thaler
ISBN 3 505 08305 4
Bestellnummer 8305
Alle Rechte der weiteren Verwertung
liegen beim Verlag,
der sie gern vermittelt.

WOLFGANG
GABEL

Bastian sucht
das Zauberwort

Bastian ist traurig. Seine Mutter ist böse auf ihn. Alle Versuche, ihr zu zeigen, wie lieb er sie hat, schlagen fehl. Bastian sucht ein Zauberwort, das sie wieder zusammenbringt. Und dann finden Mutter und Sohn eine ganz andere Sprache: Sie nimmt ihn zärtlich in den Arm — und das sagt mehr als alle Worte.

Das Besondere dieses Buches:
Diese zarte Geschichte zeigt, daß ein Streicheln alle Worte überflüssig macht.

DIMITER INKIOW

Meine Schwester Klara und die Pfütze

Ihr wißt sicher, was eine Pfütze ist — ein harmloses, kleines Wässerchen, das einem manchmal so unter die Schuhe gerät. Daß man aber wegen einer Pfütze zwei Wochen lang nicht fernsehen darf — das haben meine Schwester Klara und ich leider erfahren müssen ...

Das Besondere dieses Buches:
Dimiter Inkiow gelingt es meisterhaft, sich in die Vorstellungswelt der Kinder hineinzudenken. Die lustigen Streiche von Klara und ihrem kleinen Bruder geschehen nie in böser Absicht, sondern entwickeln sich gemäß kindlicher Logik. Ein Buch aus der Klara-Reihe, die Kinder auf der ganzen Welt zum Lachen bringt.

 Schneider-Buch